Wassilissa, die Wunderschöne

und andere russische Märchen
mit Illustrationen von Ivan Bilibin
Nacherzählt von Elisabeth Borchers
Insel Verlag

insel taschenbuch 452
1. Auflage 1979

Vertrieb durch den Suhrkamp Taschenbuch Verlag
Umschlag nach Entwürfen von Willy Fleckhaus
Druck: Kösel GmbH & Co., Kempten
Printed in Germany

Die Insel-Bilderbuch-Kassette mit zwei Bänden russischer Märchen, illustriert von Ivan Bilibin, erschien 1974.
Einer der beiden Bände liegt nun als insel taschenbuch für kinder vor. Als der Verlag Ivan Bilibin, neu entdeckt, wieder erscheinen ließ, war die Überraschung groß: »Das helle Entzücken sind die unsäglich prunkvollen Illustrationen.« (Jörg Drews) Die verschwenderischen Bilder zu den russischen Märchen entstanden nach der Vorlage der Erstausgabe aus der Kaiserlichen Druckerei in Petersburg. Bilibin wurde 1876 in Petersburg geboren. Zehn Jahre lehrte er dort an der Hochschule zur Förderung der Kunst und wurde zum Begründer einer ganzen Schule der modernen russischen Grafik, die sich an der strengen Kunst der alten Ikonenmalerei orientierte. 1919 verließ er Rußland, lebte in Paris, kehrte 1936 in die Sowjetunion zurück und starb 1942 in Leningrad.

insel taschenbuch 452
Wassilissa, die Wunderschöne
und andere russische Märchen
ein insel taschenbuch
für kinder

Wassilissa, die Wunderschöne

Im Zarenreich hinter den blauen Meeren und hinter den hohen Bergen lebte ein Kaufmann mit seiner Frau. Sie hatten eine einzige Tochter, und die war so schön, daß sie von allen Wassilissa, die Wunderschöne genannt wurde. Eines Tages wurde die Frau des Kaufmanns sterbenskrank. Sie rief ihre Tochter und sagte:
»Wassilissa, mein Liebes, ich will dir eine Puppe schenken.« Und sie holte unter der Bettdecke eine Puppe hervor. »Wenn du in Not bist, gib ihr zu essen, dann wird sie dir helfen.« Die Mutter gab Wassilissa einen Kuß und starb.

Eine Zeitlang trauerte der Vater um seine Frau, dann nahm er sich eine zweite, denn er wollte, daß Wassilissa gut versorgt würde. Es war eine Witwe mit zwei Töchtern in Wassilissas Alter. »Das trifft sich gut«, dachte der Vater, »sie werden sich gut verstehen.«
Doch die Frau sah voller Neid, wie schön Wassilissa war, schöner als sie selbst und ihre Töchter und schöner als alle Mädchen in der Stadt. So zornig wurde sie darüber, daß sie Wassilissa die schwerste und schmutzigste Arbeit tun ließ. Bei Wind und Wetter schickte sie sie hinaus in den Garten, damit ihre weiße Haut rauh und dunkel werden sollte. Wassilissa widersprach nicht, am Abend aber brachte sie ihrer Puppe zu essen, und während die Puppe aß, sagte Wassilissa: »Welch ein Leben in diesem Hause! Die Mutter und die Schwestern sitzen da wie die feinen Damen, und ich allein soll alle Arbeit im Haus und im Garten tun.«
»Geh schlafen«, sagte die Puppe, »ich will dir helfen.«
So kam es, daß alle Arbeit im Haus getan war, als Wassilissa aufwachte: das Haus war geputzt, die Wäsche gewaschen und geflickt, das Wasser stand bereit, der Ofen

war geheizt und das Essen gekocht. Tagsüber ging Wassilissa spazieren, und wenn sie zurückkam, war die Arbeit im Garten getan: das Unkraut gerupft, die Beete begossen, der Kohl geschnitten. Und sogar ein Kraut gegen den Sonnenbrand gab die Puppe Wassilissa. Kein Wunder also, daß Wassilissa immer noch schöner wurde, und die Stiefmutter und die Schwestern, die das mit ansehen mußten, wurden vor lauter Ärger immer häßlicher und magerer.
Die Jahre vergingen, und die Mädchen waren alt genug, um zu heiraten. Die jungen Männer kamen aus der Stadt, doch nur Wassilissa wollten sie sehen, und nicht einer kümmerte sich um die Schwestern. »Erst wenn die Schwestern verheiratet sind, darf auch Wassilissa heiraten«, sagte die Stiefmutter. Da gingen die jungen Männer nach Haus und ließen sich nicht mehr sehn.
Eines Tages, als der Vater zu einer langen Reise aufgebrochen war, sagte die Stiefmutter: »Am Rand des Waldes steht ein leeres Haus, dort wollen wir von nun an wohnen.« Der Wald war finster, und die Leute fürchteten sich vor ihm, denn tief innen stand das Haus der Hexe Baba Jaga, und die Menschen, die ihr zu nahe kamen, fraß sie, als wären es Hühnchen. Immer wieder

schickte die Stiefmutter Wassilissa in den Wald und dachte: »Irgendwann wird die Baba Jaga sie doch erwischen und sie wie ein Hühnchen verspeisen.«

Doch immer wieder kam Wassilissa mit der Hilfe ihrer Puppe aus dem Wald zurück.
Als der Herbst kam, gab die Stiefmutter den Mädchen Arbeit für den langen Abend. Die eine mußte eine Spitze häkeln, die andere Strümpfe stricken, Wassilissa mußte spinnen. Dann löschte sie die Lichter im Haus, ließ nur eine Kerze brennen und ging zu Bett. Als die Kerze immer kleiner wurde, nahm eine der Schwestern die Schere, um den Docht abzuschneiden, und löschte – wie die Mutter sie geheißen hatte – die Kerze aus. »Kein Feuer im ganzen Haus«, jammerte sie, »und die Arbeit ist noch nicht getan. Wir müssen Feuer bei der Baba Jaga holen.«
»Ich brauche kein Licht«, sagte die Schwester, die häkelte, »mir leuchtet die Nadel.«
»Mir leuchten die Nadeln«, sagte die Schwester, die strickte. Und beide riefen: »So muß Wassilissa das Feuer holen.«
Wassilissa ging auf ihr Zimmer, gab der Puppe zu essen, und die Puppe sagte: »Hab keine Angst. Solang ich bei dir bin, wird dir nichts geschehn.«
Der Weg war lang und finster wie die Nacht, nur die Augen der Puppe leuchteten.
Plötzlich jagte ein Reiter vorüber, ein Reiter ganz weiß, in weißem Gewand, auf weißem

Pferd mit weißem Zaumzeug und Sattel. Und es fing an, hell zu werden.
Plötzlich jagte ein Reiter vorüber, ein Reiter ganz rot, in rotem Gewand, auf rotem Pferd mit rotem Zaumzeug und Sattel. Und die Sonne ging auf.
Der Weg war lang wie der Tag, und als der Abend kam, stand Wassilissa vor Baba Jagas Haus. Der Zaun war aus Menschenknochen gemacht, und auf den Pfählen steckten Schädel von Menschen. Die Angeln des Tores waren Menschenfüße, der Riegel war eine Menschenhand und das Schloß ein Menschenmund mit scharfen Zähnen.
Plötzlich jagte ein Reiter herbei, ein Reiter ganz schwarz, in schwarzem Gewand, auf schwarzem Pferd mit schwarzem Zaumzeug und Sattel, jagte zum Tor hinein und war verschwunden. Da war es Nacht. Doch nicht lang dauerte die Dunkelheit, nur einen Augenblick, und schon begannen die Augen der Schädel zu leuchten, daß es hell wurde ringsum. Und ein Lärm kam auf im Wald, die Bäume krachten, die Blätter zischten, und in einem Mörser fuhr Baba Jaga herbei, eine Keule in der einen Hand, in der anderen einen Besen, mit dem sie die Spuren verwischte. Baba Jaga hielt an und schrie: »Es riecht nach Mensch! Wer ist es?«

Vor Angst und Entsetzen verbeugte sich Wassilissa: »Die Schwestern haben mich nach Feuer geschickt.«
»Ha«, fauchte Baba Jaga, »diese Schwestern

kenne ich, und Feuer sollst du haben, wenn du für mich gearbeitet hast. Arbeitest du nicht, so fresse ich dich auf.«
»Auf, auf!« schrie sie, daß sich das Tor öffnete.
»Bring mir das Essen«, sagte Baba Jaga, »hol Kwas, Met, Bier und Wein aus dem Keller.« Und Baba Jaga aß und trank für zehn und ließ Wassilissa nichts anderes übrig als ein Schüsselchen Kohlsuppe, ein Stückchen Brot und ein Häppchen Fleisch.
»Wenn ich morgen das Haus verlasse, wirst du Haus und Hof säubern, wirst das Essen kochen, die Wäsche waschen und die schwarzen Körner aus dem Weizen suchen. Wenn ich zurückkomme, muß die Arbeit getan sein. Wenn nicht, so fresse ich dich auf.« Dann legte sich die Baba Jaga hin und schnarchte.
Wassilissa fütterte ihre Puppe und klagte: »Was mache ich nur, was mache ich nur?«
»Schlaf«, sagte die Puppe, »der Morgen ist klüger als der Abend.« Und als Wassilissa aufwachte, flog der weiße Reiter vorüber, die Lichter in den Schädeln gingen aus, die Baba Jaga pfiff nach Mörser, Keule und Besen, und als der rote Reiter auf rotem Pferd vorüberflog, ging die Sonne auf, und Baba Jaga fuhr davon.

Wassilissa sah sich im Hause um und sah, daß alle Arbeit getan war. Die Puppe suchte die letzten schwarzen Körner aus dem Weizen. »Nun bleibt dir nur noch, das Essen zu kochen«, sagte sie.

Als es Abend wurde, flog der schwarze Reiter auf schwarzem Pferd herein, die Lichter der Schädel gingen an, die Bäume krachten, die Blätter zischten, und Baba Jaga kehrte zurück. »Ist alle Arbeit getan?« fragte sie und sah ärgerlich, daß alle Arbeit getan war. »Kommt jetzt, meine Freunde, und mahlt mir den Weizen«, rief sie. Und dreimal zwei Menschenhände nahmen den Weizen und verschwanden mit ihm. Baba Jaga aß und trank für zehn.

»Morgen tust du die gleiche Arbeit und reinigst den Mohn.« Dann legte sie sich hin und schnarchte.

Wassilissa fütterte ihre Puppe, und die Puppe sagte: »Schlaf nur. Der Morgen ist klüger als der Abend.«

Am nächsten Morgen war alles wie am ersten Morgen, und am Abend war alles wie am ersten Abend.

»Warum redest du nicht mit mir?« knurrte Baba Jaga.

»Gern möchte ich dich etwas fragen«, antwortete Wassilissa.

»Frag nur, doch gib acht, wer viel weiß, wird schnell alt.«
»Ich habe drei Reiter gesehen«, sagte Wassilissa, »einer war weiß, der andere

rot, der dritte schwarz. Wer sind diese Reiter?«
»Der eine ist mein heller Tag, der rote meine rote Sonne, der schwarze meine schwarze Nacht. Und alle drei dienen mir. Was willst du noch wissen?«
Wassilissa hätte gern nach den Menschenhänden gefragt, doch sie fürchtete sich. »Das ist genug«, sagte sie. »Wer viel weiß, wird schnell alt, so sagtest du doch.«
»Dein Glück«, sagte Baba Jaga, »sonst hätte ich dich gefressen. Doch wie stellst du es an, mit der vielen Arbeit fertig zu werden?«
»Es ist der Segen meiner Mutter, der mir hilft«, antwortete Wassilissa. »Das also ist es«, schrie die Baba Jaga. »Mach, daß du fortkommst. Gesegnete Töchter sind mir ein Greuel.«
Sie zerrte Wassilissa hinaus, gab ihr einen Schädel vom Zaun, das versprochene Licht für die Schwestern, und jagte sie davon.
Wassilissa ging den ganzen Tag, und in der Nacht leuchtete ihr das Licht im Schädel, bis es am Morgen erlosch. Gegen Abend, als das Haus ihrer Stiefmutter nicht mehr fern war, wollte sie den Schädel wegwerfen, denn sie dachte: »Sie werden sich inzwischen anderswo Licht besorgt haben.« Doch der Schädel sagte: »Nimm mich mit

ins Haus. Nimm mich mit.« Das Licht in seinem Innern leuchtete auf, und als Wassilissa ins Haus ging, sah sie, daß es immer noch dunkel war. Die Stiefmutter und die beiden

Schwestern waren froh, sie zu sehen, denn das Licht, das sie bei den Nachbarn geholt hatten, war jedesmal ausgegangen, sobald sie das Haus betraten. Aber die Freude über das Licht des Schädels war nur kurz, es begann ihnen weh zu tun, so weh, daß sie sich verkrochen. Doch wohin sie sich auch verkrochen, es brannte und brannte so sehr, daß alle drei, die Stiefmutter und die beiden Schwestern, verbrannten.

Am anderen Morgen vergrub Wassilissa den Schädel, schloß das Haus ab und ging in die Stadt zu einer alten Frau, die allein lebte. »Laß mich bei dir wohnen«, sagte Wassilissa. »Kauf mir Flachs, damit ich für dich spinnen kann.« Und Wassilissa spann den Flachs, und der Faden wurde so fein wie Haar, so fein, daß es keinen Webstuhl dafür gab.

»Laß mich mit dem alten Webstuhl allein«, sagte die Puppe, nachdem sie gegessen hatte, und während Wassilissa schlief, webte sie den allerfeinsten Stoff.

»Verkauf ihn«, riet Wassilissa der alten Frau, »und behalte das Geld.« »Der Stoff ist so fein, daß nur der Zar ihn tragen kann«, sagte die Alte und machte sich zum Zaren auf den Weg. Der Zar besah sich den Stoff und wunderte sich sehr über seine Fein-

heit. »Wieviel willst du dafür haben?« fragte er.
»Ein Geschenk für dich, Väterchen«, antwortete die Alte, und der Zar bedankte sich mit vielen Geschenken.
Doch da niemand am Hofe war, der wagte, aus diesem feinen Stoff Hemden zu nähen, ließ er die Alte wieder rufen. »Wenn es dir gelungen ist, diesen Stoff zu weben, so sollst du mir auch die Hemden nähen.« »Wassilissa, meine Pflegetochter, war es, die den Stoff gewebt hat«, sagte sie. »So wird sie dir auch die Hemden nähen.«
Wassilissa ging in ihr Zimmer, nähte und nähte, bis zwölf Hemden fertig waren.
Als die Alte dem Zaren die Hemden brach-

te, wollte er das Mädchen sehen, das so herrliche Hemden nähen konnte. Wassilissa wurde geholt, und als sie vor ihm stand, vergaß der Zar die Hemden und sagte: »Wie schön du bist, Wassilissa, wie wunderschön! Ich lasse dich nicht mehr fort.« Und ganz ungeduldig fügte er hinzu: »Sofort soll die Hochzeit gefeiert werden.« Und die Hochzeit wurde ein großes glückliches Fest.

Als Wassilissas Vater endlich von seiner langen Reise zurückkehrte, hörte er sich an, was alles geschehen war, blieb am Hofe des Zaren, so wie auch die alte Frau in Wassilissas Nähe bleiben durfte.

Die Puppe aber, Wassilissas Beschützerin, ruhte ein Leben lang von der vielen Arbeit aus.

Das Märchen von Iwan dem Zarensohn, dem Feuervogel und dem grauen Wolf

Der Zar des großen Zarenreichs hieß Andronowitsch. Er war ein Zar wie alle anderen Zaren, hatte ein Schloß und ein Reich, eine Frau und Söhne. Nur eines besaß er, was sonst keiner besaß: einen Garten, wie es keinen zweiten mehr gab, groß und üppig und reich an seltenen Blumen und saftigen Früchten. Der kostbarste Baum des Gartens war ein Apfelbaum, auf dem kleine goldene Äpfel wuchsen. Das also war der Lieblingsbaum des Zaren Andronowitsch. Doch Nacht für Nacht kam ein Dieb in den Garten und stahl vom Baum der goldenen Äpfel.

Vor lauter Gram ließ der Zar seine drei Söhne rufen: Dimitrij, den ältesten, Wassilij, den zweitältesten, und Iwan, den jüngsten. »Meine Söhne«, rief er. »Jede Nacht kommt ein Dieb in den Garten und stiehlt vom

Baum der goldenen Äpfel. Wer mir den Dieb lebendig fängt, dem will ich mein halbes Königreich schenken, und wenn ich sterbe, soll er auch die andere Hälfte bekommen.«

Die drei Söhne jammerten und riefen: »Ja, wir wollen den Dieb fangen!« Und als es Abend wurde, ging Dimitrij, der Älteste, als erster in den Garten und wartete auf den Dieb. Als er eine Weile gewartet hatte, schlief er ein, und der Dieb konnte, wie zuvor, die goldenen Äpfel stehlen. Am anderen Morgen ging Dimitrij zu seinem Vater, dem Zaren, und sagte: »Ach, Väterchen, ich habe die ganze Nacht gewacht, doch der Dieb kam nicht.«

In der zweiten Nacht ging Wassilij, um zu wachen. Doch als er eine Weile gewacht hatte, schlief auch er ein, und der Dieb konnte, wie zuvor, die goldenen Äpfel stehlen. Am anderen Morgen ging Wassilij zu seinem Vater, dem Zaren, und sagte: »Ach, Väterchen, ich habe die ganze Nacht gewacht, aber der Dieb kam nicht.«

In der dritten Nacht ging Iwan, der Jüngste, in den Garten und setzte sich unter den Apfelbaum. Als er drei Stunden in der Finsternis gesessen hatte, wurde es auf einmal hell, und ringsum leuchtete es wie von vie-

len Feuern. Iwan sah das goldene Gefieder eines großen Vogels, und die Augen des Vogels strahlten wie Kristall. Rauschend ließ sich der Vogel auf dem Baum der goldenen

Äpfel nieder, doch als Iwan ihn fangen wollte, flog der Vogel davon, und in Iwans Hand blieb nichts als eine Feder zurück.
Am anderen Morgen ging Iwan zu seinem Vater, dem Zaren, und sagte: »Der Feuervogel ist der Dieb der goldenen Äpfel. Als ich zupacken wollte, flog er davon, und nur diese Feder blieb mir in der Hand zurück.«
Auch wenn es ihm nicht gelungen war, den Vogel zu fangen, freute sich der Zar. Er nahm die Feder und trug sie behutsam in eine dunkle Stube, um zu sehen, wie hell die Feder leuchtet. Da wurde es hell, so hell, als ginge in der Stube die Sonne auf.
Der Zar rief seine Söhne und sagte zu ihnen: »Geht jetzt und sucht den Feuervogel, und wer ihn mir lebendig bringt, der soll das halbe Königreich bekommen, und wenn ich gestorben bin, soll er auch die andere Hälfte haben.«
Da machten sich die Söhne auf den Weg, Dimitrij und Wassilij ritten zusammen fort. Iwan aber ritt in eine andere Richtung davon. Wohin er reiten sollte, das wußte er nicht. Er ritt über viele Wege und durch viele Wälder, und nach langen langen Tagen kam er über ein flaches Feld. Am Rand des Feldes stand ein Stein, auf dem er las:

Wer geradeaus reitet, wird hungern und frieren.
Wer nach rechts reitet, dessen Pferd wird sterben.

Wer nach links reitet, kommt um, doch sein Pferd wird leben.
Iwan las und überlegte und nahm den Weg nach rechts. Wichtig ist, dachte er, daß ich selbst am Leben bleibe. So ritt er einen Tag und noch einen Tag. Am dritten Tag kam ein riesiger grauer Wolf daher und sagte: »Hast du denn nicht gelesen, Iwan-Zarewitsch, daß dein Pferd umkommen wird, wenn du den Weg nach rechts reitest?« Sprach's und zerriß das Pferd und lief davon. Traurig ging Iwan zu Fuß weiter, einen ganzen Tag lang, und abends war er so müde, daß er sich nichts anderes mehr wünschte als zu schlafen. Doch kaum hatte er sich hingelegt, tauchte der graue Wolf wieder auf:
»Sag mir, wohin du willst und wen du suchst, dann werde ich dich tragen.«
Iwan erzählte dem Wolf, daß der Vater, der Zar, seine Söhne ausschickte, den Feuervogel zu suchen. Er bestieg den Wolf, und schneller als ein Pferd trug ihn der Wolf davon. Mitten in der Nacht hielt der Wolf vor einer steinernen Mauer an. »Steig ab«, sagte er. »Wenn du über die Mauer kletterst, kommst du in einen Garten, in dem ein goldener Käfig steht. In diesem Käfig sitzt der Feuervogel, den du suchst. Nimm ihn, doch

berühre die Stäbe des Käfigs nicht, sonst wird man dich fangen.«
Iwan stieg über die Mauer, sah im Käfig den taghell leuchtenden Vogel, und ohne die Stäbe zu berühren, nahm er ihn. Doch er überlegte, wie er ihn wohl tragen solle, und dachte, wie einfach es doch wäre, den Käfig mitzunehmen. Behutsam wollte er ihn aufheben, doch kaum hatte er ihn berührt, da ging auch schon ein Getöse los, daß die Wächter des Gartens aufschreckten und über ihn herfielen. Sie führten Iwan zum Zaren, dem Zaren Dolmat.
»Du Lump von einem Dieb«, schrie der Zar Dolmat, »wie wagst du es, in meinen Garten zu kommen, um den kostbarsten Vogel der Welt zu stehlen?«
»Ich bin Iwan-Zarewitsch, der von seinem Vater, dem Zaren Andronowitsch, ausgeschickt wurde, den Feuervogel zu suchen. Denn Nacht für Nacht kam der Feuervogel in den Garten meines Vaters geflogen, um vom Baum die kleinen goldenen Äpfel zu stehlen.«
»Und warum kamst du nicht zu mir, um den Vogel zu erbitten? So werde ich in meinem Reich verkünden lassen, daß Iwan-Zarewitsch, der Sohn des Zaren Andronowitsch, ein Dieb ist. Doch wenn du durch drei mal

sieben Länder reitest in das drei mal neunte Reich des Zaren Afron und mir das Pferd mit der goldenen Mähne holst, will ich dir verzeihen und dir den Feuervogel schenken.«
Iwan willigte ein, verließ den Zaren und kehrte zum grauen Wolf zurück und erzählte ihm, was geschehen war.
»Hättest du auf mich gehört«, sagte der graue Wolf, »wäre alles gut gewesen. So muß ich dich jetzt durch alle Länder tragen bis ins Reich des Zaren Afron.«
Iwan entschuldigte sich und setzte sich auf den Rücken des grauen Wolfs, und wie ein Pfeil schoß er davon, und eines Nachts kamen sie im Reich des Zaren Afron an. Vor den Ställen aus weißem Stein hielt der graue Wolf an. »Geh hinein«, sagte er, »nimm das Pferd mit der goldenen Mähne, doch das goldene Zaumzeug rühr nicht an, sonst könnte es dir schlecht ergehen.«
Iwan ging hinein, sah das Pferd, und als er gehen wollte, sah er das goldene Zaumzeug glänzen. Es glänzte so sehr, daß er nicht widerstehen konnte. Doch kaum hatte er es berührt, ging ein Getöse los, daß die Wächter der Ställe über ihn herfielen und ihn zum Zaren Afron führten. »Du Lump von einem Dieb«, schrie der Zar Afron, »wie

wagst du es, mir das kostbarste Pferd der Welt stehlen zu wollen?«
»Ich bin Iwan-Zarewitsch, Sohn des Zaren Andronowitsch«, und Iwan erzählte ihm die Geschichte.
»Und warum kamst du nicht zu mir, um von mir das Pferd zu erbitten? Nun werde ich in meinem Reich verkünden lassen, daß Iwan-Zarewitsch, der Sohn des Zaren Andronowitsch, ein Dieb ist. Doch wenn du durch drei mal sieben Länder reitest in das drei mal neunte Reich der Königstochter Siebenschön, um sie zu holen, denn ich liebe sie, will ich dir verzeihen und dir das Pferd mit der goldenen Mähne schenken.«
Iwan willigte ein, verließ den Zaren und

kehrte weinend zum grauen Wolf zurück. »Hättest du auf mich gehört«, sagte der graue Wolf, »wäre alles gut gewesen. Jetzt muß ich dich durch alle Länder tragen bis zur Königstochter Siebenschön.«
Wieder schoß der graue Wolf wie ein Pfeil dahin, bis sie eines Tages im Reich der Königstochter Siebenschön ankamen. Vor dem goldenen Gitter um den herrlichen Garten hielt der graue Wolf an. »Steig ab«, sagte der graue Wolf, »geh den Weg bis zur grünen Eiche zurück, setze dich hin und warte dort auf mich.« Iwan tat's. Der graue Wolf aber wartete. Als es Abend wurde und die Sonne weit im Westen stand, ging die Königstochter Siebenschön mit den Damen des Hofes und den Dienerinnen spazieren. Als sie in die Nähe des grauen Wolfs kamen, tat der Wolf einen Sprung über das Gitter, packte die Königstochter und trug sie in Windeseile davon. Unter der grünen Eiche angekommen, rief er Iwan zu: »Schnell, sitz auf«, und wie ein Pfeil flogen alle drei davon. Am Hof der Königstochter wurden die schnellsten Boten zusammengerufen und ausgeschickt, den Wolf zu suchen. Doch so schnell sie auch waren, den grauen Wolf holte keiner ein, und mutlos kehrten sie zurück.

»Eine Träne fiel mir auf den Pelz«, rief der graue Wolf.
»Ich habe sie geweint«, sagte Iwan. »Wie soll ich nicht weinen, wenn ich mich

И. БИЛИБИНЪ. 1899.

bald von der Königstochter trennen muß.« Und auch die Königstochter fing zu weinen an.
»Nun habe ich dir schon so viele Dienste geleistet«, sagte der graue Wolf und seufzte, »so soll es mir auf den letzten auch nicht mehr ankommen.« Im Reich des Zaren Afron hielt er ein und redete weiter: »Ich werde mich in eine Königstochter verwandeln, dann bringst du mich zum Zaren Afron, und er wird glauben, sie sei es. Du aber, Königstochter Siebenschön, geh hinter die Stadt und warte auf Iwan, der dich mit dem Pferd holen wird. Wenn ihr lang genug geritten seid, dann erinnere dich an mich.«
Der graue Wolf legte sich auf die warme Erde und stand als wunderschöne Königstochter wieder auf. Wie freute sich der Zar, als Iwan zusammen mit der Königstochter vor ihm erschien. Er schenkte Iwan das Pferd mit der goldenen Mähne und das goldene Zaumzeug dazu, und eilig ritt Iwan davon. Hinter der Stadt hob er Siebenschön aufs Pferd mit der goldenen Mähne, das den Weg ins Reich des Zaren Dolmat kannte.
Als schöne Königstochter lebte der graue Wolf beim Zaren Afron, einen Tag und noch einen Tag. Als der dritte Tag zu Ende

ging, bat die Königstochter den Zaren Afron, mit ihren Damen und Dienerinnen auf dem freien Feld spazierengehen zu dürfen. Der Zar erlaubte es, und sie gingen hinaus aufs freie Feld. Da legte sich die Königstochter auf die warme Erde, wurde ein grauer Wolf und flog wie ein Pfeil davon. Entsetzt schrien die Damen und Dienerinnen auf, stürzten zum Zaren und erzählten ihm die Geschichte.

Der graue Wolf aber holte das Pferd mit der goldenen Mähne in dem Augenblick ein, als Iwan seufzte: »Wo mag nur mein grauer Wolf jetzt sein?« »Steig auf«, rief der graue Wolf, »und laß Siebenschön allein auf dem Pferd reiten.« Weit genug vor der Stadt des Zaren Dolmat hielten sie an, und Iwan sagte zum grauen Wolf: »So viele Dienste hast du mir schon geleistet, grauer Wolf, mein Freund, nun hilf mir auch noch ein letztes Mal.«

Da der graue Wolf Iwans Wunsch erriet, legte er sich auf die warme Erde und verwandelte sich in ein Pferd mit goldener Mähne. So führte Iwan das Pferd zum Zaren Dolmat, der vor lauter Freude ein großes Mahl bereiten ließ. Sie setzten sich an den Eichentisch mit der bunten Tischdecke und aßen und tranken zwei Tage

lang. Doch als der dritte Tag begann, ließ Zar Dolmat den Feuervogel im goldenen Käfig holen und schenkte Iwan beides. So schnell er konnte lief Iwan vor die Stadt, stieg mit dem Feuervogel im goldenen Käfig auf das Pferd mit der goldenen Mähne, auf dem die Königstochter Siebenschön gewartet hatte, und sie ritten davon.
Als der Zar Dolmat am nächsten Tage mit seinem Pferd ausritt, warf ihn das Pferd ab. Es legte sich auf die warme Erde und wurde, was es zuvor war, ein großer grauer Wolf. Voller Entsetzen floh der Zar zurück. Der graue Wolf aber holte das Pferd mit der goldenen Mähne ein und ließ Iwan aufsteigen. Als sie dort ankamen, wo der graue Wolf Iwans Pferd zerrissen hatte, hielt er an und sagte: »Iwan-Zarewitsch, ich habe dir lang und gerecht gedient. Steig nun ab, ich werde nicht länger bei dir sein.« Und schon war er verschwunden.
Iwan weinte um den grauen Wolf, doch da alles Weinen nichts hilft, ritt er mit Siebenschön, dem Feuervogel im goldenen Käfig auf dem Pferd mit der goldenen Mähne weiter. Als sie im Reich des Zaren Andronowitsch angekommen waren, stiegen sie ab, um sich auszuruhen. Das Pferd machte Iwan am nächsten Baume fest, den golde-

nen Käfig mit dem Feuervogel stellte er neben sich. Sie redeten eine Weile und schliefen dann ein.
Es war die Stunde, in der Iwans Brüder, Dimitrij und Wassilij, von ihrer langen vergeblichen Suche nach dem Feuervogel zurückkehrten, und gerade dort, wo die beiden schliefen, kamen sie vorbei. Als Dimitrij und Wassilij alle Pracht und allen Reichtum sahen, wurden sie böse. Dimitrij nahm sein Schwert und erschlug Iwan.
Sie weckten Siebenschön auf und fragten sie: »Wer bist du?«
»Ich bin die Königstochter Siebenschön«, sagte sie. Doch als sie sah, daß Iwan tot war, brach sie in Tränen aus. »Ihr habt ihn im Schlaf erschlagen. Nicht gekämpft habt ihr, im Schlaf habt ihr den Wehrlosen getötet.«
Da zeigte Dimitrij sein Schwert und drohte: »Auch du wirst getötet, wenn du nicht versprichst, unserem Vater zu sagen, daß wir es waren, die dich und den Feuervogel und das Pferd mit der goldenen Mähne holten.«
In großer Angst versprach Siebenschön alles, und Dimitrij und Wassilij warfen das Los, um die Reichtümer zu teilen. Das Los bestimmte: das Pferd mit der goldenen Mähne für Dimitrij, Siebenschön für Wassilij. Viele Tage lag Iwan tot und allein

unterm Baum, doch am dreizehnten kam der graue Wolf und erkannte ihn. Während der Wolf überlegte, was zu tun sei, kam ein Rabe mit zwei Jungen geflogen. Der graue Wolf versteckte sich hinter einem Strauch, und als sich die Raben auf Iwans Leiche niederließen, um vom Fleisch zu fressen, sprang er hervor, packte ein Junges, um es zu zerreißen.

»Ach, grauer Wolf«, sagte der Rabe, »zerreiß mir doch mein Junges nicht. Ich will dir auch gern einen Dienst erweisen.«

»Hör zu, du Rabensohn von einem Raben, ich werde dein Söhnchen nicht fressen, wenn du hinter drei mal sieben Länder ins drei mal neunte Zarenreich fliegst, und mir

das Todes- und Lebenswasser holst.« Und schon flog der Rabe davon.
Am dritten Tag kehrte er mit zwei Krüglein zurück. Der graue Wolf zerriß den kleinen Raben, schüttete Todeswasser über ihn, da wuchs er wieder zusammen. Er schüttete Lebenswasser über ihn, da schüttelte sich der Kleine und flog davon. Und nach dieser Probe schüttete der graue Wolf das Todeswasser über Iwan, daß sein Leib wieder heil wurde, und als er das Lebenswasser über ihn goß, stand Iwan auf und sagte: »Ach, wie lang habe ich doch geschlafen.«
»Ewig hättest du geschlafen«, sagte der graue Wolf, »wenn ich dich nicht gefunden hätte«, und er erzählte ihm die Geschichte seiner Brüder. »Sitz auf«, sagte der graue Wolf, »wir müssen uns beeilen, denn heute will dein Bruder Wassilij die Königstochter Siebenschön heiraten.«
Wie ein Pfeil so schnell flog der graue Wolf mit Iwan vor die Stadt. Iwan umarmte den Wolf und eilte zum Hof seines Vaters. Da saßen sie alle beim Hochzeitsmahl, aßen und tranken an langen Eichentischen. Als Siebenschön aufsah und Iwan erkannte, lief sie ihm entgegen, umarmte ihn, und sie erzählten dem Zaren Andronowitsch die lange Geschichte. Der Zorn des Zaren war

so groß, daß er Dimitrij und Wassilij nie wieder sehen wollte, und er ließ sie in einen Kerker bringen.
Iwan und Siebenschön heirateten noch am selben Tage. Und manchmal fragten sie einander: »Wo mag jetzt der große graue Wolf nur sein?«

Die Froschprinzessin

In einem Reich weit hinter den blauen Meeren und weit hinter den hohen Bergen lebten ein Zar und eine Zarin. Viele Jahre war der Zar durch die Lande gereist, nun war er alt genug, um zu Hause zu bleiben, bei seiner Zarin und seinen drei Söhnen, die jung waren, noch unverheiratet und kühn, kühner als es die Märchen erzählen. Und von früh bis spät saßen sie auf ihren Pferden und jagten dahin, leicht und schnell, schneller als es sich mit Worten beschreiben läßt. Und schön waren sie auch. Doch am schönsten, am kühnsten von allen dreien war Iwan-Zarewitsch, der Jüngste.

Eines Tages rief der Zar seine Söhne zu sich und sagte: »Ihr seid nun alt genug, um euch eine Frau zu nehmen, und ich will Schwiegertöchter haben. Nehmt den härtesten Pfeil, geht hinaus auf die Wiese, spannt den Bogen und ein jeder lasse seinen Pfeil in eine andere Himmelsrichtung fliegen. Dort, wo der Pfeil niedergeht, bittet um die Hand der Tochter.«

Der Pfeil des ältesten Sohnes flog in den Hof eines Bojaren und schlug in der Nähe der Stube ein, die der Tochter gehörte. Der Pfeil des zweiten Sohnes flog in den Hof eines reichen Kaufmanns und schlug in die Freitreppe, auf der gerade die liebliche Tochter des Kaufmanns stand. Der Pfeil des Iwan-Zarewitsch jedoch flog so hoch und so weit, daß niemand sah, wo er niederging. Iwan-Zarewitsch machte sich auf den Weg, seinen Pfeil zu suchen. Zwei Tage lang lief er durch Wiesen und Wälder, ohne ihn zu finden, und wurde immer betrübter. Am dritten Tag verlief er sich in einem Sumpf, und da sah er plötzlich seinen Pfeil, neben dem ein Frosch saß. Iwan-Zarewitsch war so enttäuscht, daß er sich umdrehte und davongehen wollte. Doch der Frosch rief:

»Komm her, Iwan-Zarewitsch, nimm dei-

nen Pfeil und nimm auch mich, sonst läßt dich der Sumpf nicht mehr los.«
Iwan-Zarewitsch nahm den Pfeil, packte den Frosch und steckte ihn in seine Rocktasche.

»Soll ich etwa diesen Frosch da zur Frau nehmen?« fragte er seinen Vater, den Zaren, und setzte den Frosch vor ihn hin.
»Was hilft's«, sagte der Zar, »nimm den Frosch zur Frau, denn er scheint für dich bestimmt zu sein.«
Iwan-Zarewitsch weinte. Doch da alles Weinen nichts hilft, fügte er sich. So heirateten die drei Zarensöhne. Der erste nahm die Tochter des Bojaren, der zweite die Tochter des Kaufmanns, und Iwan-Zarewitsch nahm das Froschfräulein.
Als die Osterzeit nahte, rief der Zar seine Söhne zu sich und sagte: »Ich will, daß mir eure Frauen bis morgen früh ein weißes weiches Brot backen.«
Voller Gram ging Iwan-Zarewitsch zu seiner Frau, der Fröschin.
»Was bekümmert dich so?« fragte sie ihn.
»Wie sollte ich nicht bekümmert sein! Der Zar will, daß die Frauen seiner Söhne ihm bis morgen früh ein weißes weiches Brot backen.«
»Gräm dich nicht«, antwortete seine Frau, die Fröschin. »Schlaf, und der Morgen wird klüger sein als der Abend.«
Als Iwan-Zarewitsch eingeschlafen war, warf sie ihre Froschhaut ab und war Wassilissa, so schön, schöner als es die Märchen

И. БИЛИБИНЪ. 1899.

erzählen und als es sich mit Worten beschreiben läßt.
Eilig lief sie zum schönen Treppchen und rief: »Ihr Frauen, kommt und backt mir ein Brot, das so weiß und weich ist wie das Brot, das ich bei meinem Väterchen aß.«
Als Iwan-Zarewitsch am anderen Morgen wach wurde, gab ihm seine Frau, die Fröschin, ein weißes weiches Brot, weißer und weicher als es die Märchen erzählen und als es sich mit Worten beschreiben läßt. Das Brot war kunstvoll verziert, ringsum trug es das Bild der Städte aus dem Reich des Zaren, selbst die Schlagbäume konnte man erkennen.
Das Brot der Frau seines ältesten Sohnes betrachtete der Zar kopfschüttelnd und ließ es zurück in die Küche tragen, auch das Brot der Frau seines zweiten Sohnes mußte in die Küche zurück. Doch als er das Brot der Frau seines jüngsten Sohnes betrachtete, sagte er: »Das ist das Brot, das wir zu Ostern essen wollen.«
Und der Zar sagte zu seinen Söhnen:
»Ich will, daß mir eure Frauen bis morgen früh ein Hemd nähen.«
Voller Gram ging Iwan-Zarewitsch zu seiner Frau, der Fröschin.
»Was bekümmert dich so?« fragte sie ihn.

»Wie sollte ich nicht bekümmert sein! Der Zar will, daß die Frauen seiner Söhne ihm bis morgen früh ein Hemd nähen.«
»Gräm dich nicht«, antwortete seine Frau, die Fröschin. »Schlaf, und der Morgen wird klüger sein als der Abend.«
Als Iwan-Zarewitsch eingeschlafen war, warf sie ihre Froschhaut ab und war Wassilissa, schöner noch als es sich mit Worten beschreiben läßt. Eilig lief sie zum schönen Treppchen und rief:
»Ihr Frauen, kommt und näht mir ein Hemd, das so schön ist wie das Hemd, das mein Väterchen trug, als ich noch bei ihm war.«
Als Iwan-Zarewitsch am anderen Morgen wach wurde, war das Hemd fertig und wunderschön, so kunstvoll bestickt mit Mustern aus silbernen und goldenen Fäden.
»Welch ein Hemd!« sagte der Zar. »Das ist das Hemd, das ich Ostern tragen will.«
Das Hemd, das die Frau seines ältesten Sohnes genäht hatte, betrachtete er kopfschüttelnd: »Gerad recht für die Badestube.« Und zum Hemd, das die Frau seines zweiten Sohnes genäht hatte, sagte er: »Gerad recht für eine finstere Bauernstube!«
Die beiden älteren Söhne sagten verdrießlich zueinander:

»Die Frau unseres Bruders ist gar kein Frosch, sie ist eine ganz Verhexte!«
Der Zar rief: »Und nun geht und holt eure Frauen.«

Wieder ging Iwan-Zarewitsch voller Gram zu seiner Frau, der Fröschin.
»Was bekümmert dich so?« fragte sie ihn.
»Der Zar wünscht, daß wir alle vor ihm erscheinen. Wie soll ich mich da nicht schämen, mit einer Fröschin als Frau.«
»Gräm dich nicht«, sagte sie. »Geh, ich folge dir bald. Und wenn du es rütteln, schütteln und dröhnen hörst, sage: ›Jetzt kommt meine Frau, die Fröschin, in ihrem Schächtelchen vorgefahren.‹«
So ging Iwan-Zarewitsch. Die Gäste und die Brüder waren schon versammelt, und die Frauen der Brüder hatten sich von Kopf bis Fuß herausgeputzt.
»Was?« riefen die Brüder. »Du kommst ohne Frau? Ist sie etwa zurück in den Sumpf gehüpft?«
Da begann ein Rütteln und Schütteln, daß der Palast dröhnte. Die Gäste sprangen auf und wußten nicht wohin. Iwan-Zarewitsch rief:
»Beruhigt euch! Es ist meine Frau, die Fröschin, die in ihrem Schächtelchen vorfährt.«
Am Fuß der Treppe des Zaren hielt ein Wagen aus Gold mit sechs Pferden bespannt. Wassilissa stieg aus, nicht auszudenken, wie schön sie war, schöner noch, als es die

Märchen erzählen. Iwan-Zarewitsch nahm ihre Hand und führte sie an den Tisch aus Eichenholz, auf dem eine buntbestickte Decke lag. Alle aßen und tranken und lachten. Doch Wassilissa trank nur die Hälfte, die andere Hälfte schüttete sie in den einen Ärmel und in den anderen steckte sie die Knöchelchen des Schwanenbratens. Die Frauen der Brüder sahen es und dachten, es sei klug, es genauso zu tun. Als Iwan-Zarewitsch mit Wassilissa tanzte, bauschte sich der eine Ärmel, und es entstand ein großer blauer See. Und als sich auch der andere Ärmel bauschte, schwammen Schwäne auf dem See. Und alle wunderten sich sehr.

Auch die Frauen der Brüder gingen zum Tanz, doch nichts weiter geschah, als daß sie die Gäste naßspritzten, und ein Knöchelchen flog dem Zaren grad ins Gesicht. Da wurde der Zar böse, und die beiden Frauen mußten das Fest verlassen.

Iwan-Zarewitsch lief in das Zimmer seiner Frau, nahm die Froschhaut und verbrannte sie.

»Was hast du getan?« klagte Wassilissa, als sie sah, was geschehen war. »Nun mußt du mich in drei mal sieben Ländern im drei mal neunten Königreich suchen, bei

И. БИЛИБИНЪ. 1899.

Koschtschej, dem Unsterblichen, werde ich sein.« Und als weißer Schwan flog sie zum Fenster hinaus.

Ein Jahr lang weinte Iwan-Zarewitsch. Doch als alles Weinen nichts half, machte er sich auf den Weg, um Wassilissa zu suchen. In allen vier Himmelsrichtungen suchte er, in der Nähe und Ferne, auf schmalen und breiten Wegen, bis ihm eines Tages ein alter Mann begegnete. »Wen suchst du?« fragte er. Iwan-Zarewitsch erzählte ihm die lange Geschichte seines Unglücks.

»Wie konntest du nur die Froschhaut verbrennen!« sagte der Alte zornig. »Nur der, der sie gegeben hat, kann sie auch wieder nehmen. Doch hier, nimm das Knäuel und folge ihm, wohin immer es rollt.«

Iwan-Zarewitsch dankte und lief hinter dem Knäuel her.

Als er über ein Feld kam, sah er einen Bären. »Ich möchte ihn erlegen«, dachte er. »Tu's nicht«, sagte der Bär, »es kommt ein Tag, da will ich dir nützlich sein.«

Iwan-Zarewitsch ging weiter, sah einen Hasen und dachte: »Ich möchte ihn erlegen.« »Tu's nicht«, sagte der Hase, »es kommt ein Tag, da will ich dir nützlich sein.«

Iwan-Zarewitsch ging weiter, kam zum blauen Meer und sah am Ufer einen Hecht. »Hilf mir ins Meer zurück«, bat der Hecht, und Iwan half ihm zurück.
Das Knäuel rollte und rollte vor eine Hütte, die auf Hühnerfüßen stand. »Hütte, Hütte, kleine Hütte, dreh dich, so wie es damals war, die Rückseite zum Meer und die Vorderseite zu mir.«
Die Hütte drehte sich und Iwan-Zarewitsch stieg ein. Auf dem Ofen, auf neun heißen Ziegelsteinen, lag die Hexe Baba Jaga mit ihrem hölzernen Fuß und sah zur Decke. »Was willst du von mir?« fragte sie und knirschte mit den Zähnen.
»Gib mir zu essen und zu trinken und laß

mich in die Badestube«, sagte Iwan-Zarewitsch.
Die Baba Jaga gab ihm zu essen, zu trinken und ließ ihn in die Badestube, und er erzählte ihr, daß er Wassilissa bei Koschtschej, dem Unsterblichen, suche.
»Um Wassilissa zu bekommen, mußt du den Koschtschej töten. Um ihn zu töten, mußt du seinen Tod finden. Sein Tod sitzt in der Spitze einer Nadel und die Nadel in einem Ei, das Ei in einer Ente, die Ente in einem Hasen, der Hase in einem Kasten, der Kasten unter einer Eiche, und diese Eiche hütet Koschtschej, der Unsterbliche, wie sein linkes und rechtes Auge.«
Als Iwan-Zarewitsch die Eiche gefunden hatte, wußte er nicht, was tun. Da kam der Bär und riß den Baum mit den Wurzeln aus, und heraus fiel der Kasten, und der Kasten zerbrach. Aus dem Kasten lief ein Hase, den ein anderer Hase jagte und zerriß, und heraus flog die Ente, die eine andere Ente jagte und schlug, und heraus fiel das Ei. Es fiel ins Meer und Iwan-Zarewitsch dachte: »Nun ist alles verloren.« Da kam der Hecht und trug das Ei ans Ufer, und Iwan-Zarewitsch zerschlug es und heraus fiel die Nadel, und der Nadel brach die Spitze ab. Da heulte Koschtschej, der Unsterbliche, auf und starb.

Iwan-Zarewitsch ging in Koschtschejs Haus, nahm Wassilissa und kehrte mit ihr heim. Lang lebten sie und waren so glücklich, glücklicher noch als es die Märchen erzählen.

Inhalt

insel taschenbücher für Kinder

Allerleirauh
Viele schöne Kinderreime, versammelt von H. M. Enzensberger. Mit zahlreichen Abbildungen. it 115

Hans Christian Andersen. Märchen
Mit Illustrationen von Vilhelm Pedersen und Lorenz Frølich. Aus dem Dänischen von Eva-Maria Bluhm. 3 Bände in Kassette. it 133

Monika Beisner. Das Adreßbuch für Kinder
Mit Bildern und Geschichten. Vierfarbig. it 294

Rebecca Berlinger/Wolfgang Hildesheimer. Was Waschbären alles machen
Bilder von Rebecca Berlinger mit einer Geschichte von Wolfgang Hildesheimer. Vierfarbendruck. it 415

Joachim Heinrich Campe. Bilder-Abeze
In 23 Fabeln und illuminierten Kupfern. Herausgegeben und mit einem Nachwort versehen von Dietrich Leube. it 135

Lewis Carroll. Alice hinter den Spiegeln
Mit Illustrationen von John Tenniel. Übersetzt von Christian Enzensberger. it 97

Lewis Carroll. Alice im Wunderland
Mit 42 Illustrationen von John Tenniel. Übersetzt und mit einem Nachwort versehen von Christian Enzensberger. it 42

Gertrud Caspari. Die Sommerreise
In Verse gesetzt von Heinrich Meise. Vierfarbendruck. Faksimile-Druck der Originalausgabe aus dem Jahre 1905. it 416

Ein Fisch mit Namen Fasch
und andere Gedichte und Geschichten von Menschen und anderen Menschen. Von Elisabeth Borchers. it 222

Kate Greenaway / Elisabeth Borchers
Mutter Gans oder Die alten Ammenreime
Mit Bildern von Kate Greenaway. Ins Deutsche gebracht von Elisabeth Borchers. it 28

Kate Greenaway. Butterblumengarten
Mit Bildern und Versen. Ins Deutsche gebracht von Elisabeth Borchers. it 384

insel taschenbücher für Kinder

Friedrich Güll / Franz Pocci
Kinderheimat in Liedern und Bildern.
Lieder von F. Güll, Bilder von F. Pocci. it 111

Kinder- und Hausmärchen, gesammelt durch die Brüder Grimm
Mit den Zeichnungen von Otto Ubbelohde und einem Vorwort von Ingeborg Weber-Kellermann. Drei Bände. it 112/113/114

Dieter Kühn / Dirk Zimmer. Die Geisterhand
Eine Geschichte von Dieter Kühn mit Illustrationen von Dirk Zimmer. it 382

Das große Lalula
und andere Gedichte und Geschichten von morgens bis abends für Kinder. Zusammengestellt von Elisabeth Borchers. Mit Illustrationen. it 9

Anita Lobel. König Hahn und Königin Henne
Übersetzt von Ingrid Westerhoff. it 383

Arnold Lobel. Die Maus im Suppentopf
Übersetzt von Ingrid Westerhoff. it 383

Arnold Lobel. Mäusegeschichten
Aus dem Amerikanischen von Jörg Drews. it 173

Arnold Lobel. Vom Jungen, der immer Hunger hatte.
Erzählt nach einem russischen Märchen von Cynthia Jameson. Mit Bildern von Arnold Lobel. Aus dem Amerikanischen von Ingrid Westerhoff. it 312

Der Löwe und die Maus
und andere große und kleine Tiere in Fabeln, Gedichten und Bildern. Ausgewählt von Anne M. Rotenberg. it 187

David McKee. Zwei Admirale
Aus dem Englischen von Harry Rowohlt. Vierfarbendruck. it 417

Guillermo Mordillo. Das Giraffenbuch
Cartoons. Mit mehrfarbigen Abbildungen. it 37

Guillermo Mordillo. Das Giraffenbuch 2
Cartoons. Mit mehrfarbigen Abbildungen. it 71

insel taschenbücher für Kinder

Guillermo Mordillo. Träumereien
und andere wunderliche Geschichten. Mit mehrfarbigen Abbildungen. it 108

Neuester Orbis Pictus
Die Welt in Bildern für fromme Kinder. Vierfarbendruck. it 9

Das Poesiealbum. Verse zum Auf- und Abschreiben
Gesammelt von Elisabeth Borchers. Mit Bildern und Vignetten. it 414

Wilhelm Schlote. Fenstergeschichten
Vierfarbendruck. it 103

Walter Schmögner. Das Drachenbuch
Vierfarbendruck. it 10

Walter Schmögner. Das unendliche Buch
Vierfarbendruck. it 40

Johanna Spyri. Heidi
Vollständige und ungekürzte Ausgabe in einem Band. Mit Illustrationen von Paul Hey. it 351

László Varvasovszky. Das Schneebärenbuch
Vierfarbendruck. it 381

Das Weihnachtsbuch für Kinder
Mit Geschichten, Versen und vielen Bildern. Ausgewählt von Elisabeth Borchers. it 156